LES GUIDES DES JARDINS DU QUÉBEC

Jardins de Métis

Texte d'Alexander Reford

Traduction d'Albert Beaudry

Photographies de Louise Tanguay

FIDES

ASSOCIATION DES JARDINS DU QUÉBEC

Alexander Reford remercie Trish McMaster, Patricia Gallant, Lillian Ross et Dave Demers pour leur contribution à la réalisation de ce guide.

Louise Tanguay remercie l'équipe du laboratoire de photographie Boréalis pour la qualité de son travail et pour son soutien financier.

Le soutien du ministère de l'Agriculture, des Pêcheries et de l'Alimentation, en la personne du ministre, M. Maxime Arseneau, de son prédécesseur, M. Rémy Trudel, et du sous-ministre, M. Jacques Landry, a permis à cette collection consacrée aux jardins publics du Québec de voir le jour.

La persévérance d'Hélène Leclerc, directrice du Domaine Joly-De Lotbinière, et celle de Denis Messier, du Domaine Mackenzie-King, ont également été essentielles à cette entreprise de mise en valeur du patrimoine horticole québécois.

Maquette : Gianni Caccia, Louise Tanguay
Photographie de la page couverture : Louise Tanguay

Données de catalogage avant publication (Canada)
Reford, Alexander, 1962-
Les Jardins de Métis
(Les guides des jardins du Québec)
Traduction de : Reford Gardens
Comprend des réf. bibliogr. et un index
ISBN : 2-7621-2351-8

1. Jardins de Métis (Grand-Métis, Québec). 2. Jardins-Québec (Province) Grand-Métis. 3. Jardins de Métis (Grand-Métis, Québec) – Ouvrages illustrés. I. Tanguay, Louise. II. Titre. III. Collection.

SB466.C33J37 2001a 712'.5'09714771 C00-942312-5

Dépôt légal : 2e trimestre 2001
Bibliothèque nationale du Québec

Les Éditions Fides remercient le ministère du Patrimoine canadien du soutien qui leur est accordé dans le cadre du Programme d'aide au développement de l'industrie de l'édition. Les Éditions Fides remercient également le Conseil des Arts du Canada et la Société de développement des entreprises culturelles du Québec (SODEC). Les Éditions Fides bénéficient du Programme de crédit d'impôt pour l'édition de livres du Gouvernement du Québec, géré par la SODEC.

Imprimé au Canada

Table des matières

Ce livre est dédié
à une femme
remarquable,

Elsie Stephen Reford

En rédigeant ce guide, je mesure tout ce que je dois au dévouement des hommes et des femmes qui se sont consacrés à l'aménagement et à la conservation des Jardins de Métis. Ce livre est un hommage à tous ceux qui ont collaboré à la création, à la survie et au développement des jardins. La part la plus importante en revient à Elsie et Robert Reford. Ce couple remarquable, réunissant les talents d'une horticultrice et d'un photographe, nous a laissé un héritage extraordinaire. Il pourra vous paraître étrange que je remercie deux personnes que je n'ai jamais connues. Mais je suis certain qu'au fil de votre lecture vous allez comprendre le rôle qu'elles ont joué dans la préparation de ce guide.

Alexander Reford
Grand-Métis, décembre 2000

Introduction

« Elle ne savait pas distinguer un pissenlit d'une marguerite. » C'est ce qu'on racontait de mon arrière-grand-mère autour de la table familiale. Certains disaient qu'elle ne connaissait rien aux jardins et encore moins aux plantes quand elle entreprit son œuvre. Je sais maintenant que ce n'était probablement pas vrai. Pour faire ce qu'elle fit, il fallait qu'elle ait en tête plus qu'une vague notion du jardin qu'elle voulait et des plantes qu'elle désirait y admirer.

Elsie Reford s'est lancée dans l'élaboration des jardins à Grand-Métis avec l'enthousiasme d'un amateur et la foi d'un néophyte. Elle aimait le jardinage et elle aimait ses jardins. On en a la preuve dans ses notes, prises jour après jour, été après été, et qui décrivaient en détail les travaux quotidiens. On le voit dans les albums qu'elle a montés avec soin, notant sur chaque page le nom scientifique des plantes que son mari avait photographiées. À la fin de sa vie, clouée au lit dans sa grande demeure qui dominait la ville de Montréal, elle ressortit une dernière fois les diapositives de ses chers jardins. D'une main hésitante, celle d'une nonagénaire, elle rédigea une note sur chacune, ajoutant parfois la mention «très bien» ou quatre petites étoiles pour marquer son appréciation. Un peu comme si elle choisissait les illustrations pour un guide des jardins qu'elle avait créés.

Le jardin d'Elsie Reford correspond à son tempérament. Il est à la fois audacieux et unique, novateur et traditionnel. Très peu de jardins ont été aménagés dans des circonstances aussi difficiles. À des centaines de kilomètres de

◁ *Le jardin du ruisseau. Une composition d'un goût très sûr qui témoigne de l'audace et du talent de la fondatrice des jardins.*

△ *Digitale* (Digitalis purpurea).

▷ *Galerie de la villa Reford : agapanthe au premier plan.*

la pépinière la plus proche, sous une latitude plus élevée que tout autre jardin de l'est du continent nord-américain – on a peine à imaginer les défis qu'Elsie Reford a dû affronter quand elle s'est lancée dans ce grand projet.

Mais elle est arrivée à ses fins. D'une forêt d'épinettes, elle a tiré un jardin regroupant l'une des plus importantes collections horticoles de l'époque. Elle a creusé, érigé des murets de pierre et déplacé des arbres. Elle a fait venir des pierres des champs des environs. Pour obtenir les feuilles avec lesquelles elle fabriquait le compost très fin qu'exigeaient ses plantes exotiques, elle a fait du troc avec les fermiers de la région. Là où avaient échoué des jardiniers d'expérience, elle a réussi à transplanter des espèces rares – des azalées, des pavots bleus – et leur a permis de s'adapter au climat du Québec. Elle a formé les gens de l'endroit, fermiers et guides de pêche, pour en faire des maîtres jardiniers. Ensemble, ils ont construit en une trentaine d'années un jardin absolument remarquable.

J'ai le rare privilège de veiller à la conservation et au développement des jardins conçus et aménagés par mon arrière-grand-mère. Il ne se passe pas de journée sans que quelqu'un appelle ou écrive pour se renseigner sur Elsie Reford et ses jardins, qui sont maintenant ouverts au public tous les jours de l'été. Ce guide est le premier d'une série de publications visant à raconter en détail l'histoire de ces jardins et à en illustrer la beauté. Il s'agit d'une brève introduction à une histoire merveilleuse, qui vous donnera envie, j'espère, d'en savoir plus. Je vous invite donc à découvrir l'histoire de ce domaine, et surtout le plaisir d'en parcourir les allées en admirant la beauté de l'œuvre d'Elsie Reford.

Alexander Reford,
directeur des Jardins de Métis

1

UN PEU D'HISTOIRE

Elsie Reford

1872-1967

Née le 22 janvier 1872, à Perth, en Ontario, Elsie Reford était l'aînée des trois enfants de Robert Meighen (1837-1911) et Elsie Stephen (1837-1917). D'origine modeste, les parents d'Elsie tenaient à ce que leurs enfants reçoivent une bonne éducation. Après ses études à Montréal, Elsie partit suivre des cours à Dresde et à Paris, si bien qu'elle parlait couramment allemand et français lorsqu'elle revint à Montréal, prête à faire son entrée dans la société.

Le 12 juin 1894, elle épousa Robert Wilson Reford. Ils eurent deux fils, Bruce en 1895 et Eric en 1900. Robert et Elsie Reford formaient, au dire de plusieurs, un couple idéal. En 1902, ils se firent construire, sur la rue Drummond à Montréal, une maison dessinée par l'architecte Robert Findlay. Ils étaient tous les deux passionnés de plein air et, à compter de 1904, ils se mirent à passer plusieurs semaines par an dans une cabane en rondins qu'ils avaient construite au lac Caribou, au sud de Rimouski. À l'automne, ils chassaient le caribou, le chevreuil et le canard, avant de revenir en hiver faire du ski et de la raquette. Elsie Reford aimait aussi l'équitation. Elle avait appris jeune à monter, ce qu'elle faisait chaque jour pendant plusieurs heures sur les pentes du mont Royal. Elle avait aussi des chevaux à Grand-Métis et se promenait souvent sur la plage et dans les chemins de

campagne. Un de ses exploits fut de parcourir à cheval le trajet de Métis à Gaspé, un périple de 500 km. Elle le fit d'abord en 1909, avant de recommencer en compagnie de ses deux fils — montant toujours en amazone. Et il y avait, bien sûr, la pêche au saumon, sport où elle excellait.

Il n'est pas sans ironie qu'aujourd'hui on se souvienne avant tout d'Elsie Reford à cause des jardins qu'elle a créés. À l'époque, elle était connue pour son engagement civique, social et politique. Elle se consacrait à des activités philanthropiques, en particulier pour le *Montreal Maternity Hospital*, et fut l'une des principales responsables de la création du *Women's Canadian Club* de Montréal, le premier club de femmes au Canada. Elle jugeait important que les femmes participent au débat sur les grands problèmes d'actualité, « quelque chose qui aille au-delà du simple bavardage ». Proche de Lord Grey, gouverneur général du Canada de 1904 à 1911, elle fut amenée à collaborer à l'organisation des fêtes du tricentenaire de la ville de Québec en 1908. Cet événement fut l'un de ceux qui lui permirent de nouer des liens avec la communauté canadienne-française. Son amitié avec Lord Grey l'amena à servir de modèle au sculpteur Louis-Philippe Hébert pour une statue de Madeleine de Verchères, érigée sous le patronage du gouverneur général en 1913.

Pendant la Première Guerre mondiale, elle rejoignit ses deux fils en Angleterre et travailla comme bénévole au ministère de la Guerre à traduire des documents de l'allemand à l'anglais. Après la guerre, elle soutint activement les infirmières du *Victorian Order of Nurses*, les œuvres du *Montreal Council of Social Agencies* et l'action politique de la *National Association of Conservative Women*.

Elsie Stephen Reford s'éteignit dans sa maison de la rue Drummond, le 8 novembre 1967, à l'âge de 95 ans.

Derrière les haies de cèdres

« Grand-Métis, le village canadien-français avoisinant le domaine d'Estevan Lodge, où l'on tente de cultiver les lis, est situé sur les bords du fleuve Saint-Laurent par 48° 51′ de latitude nord et 67° 32′ de longitude ouest. À vol d'oiseau, il se trouve à quelque 175 milles [282 km] de Gaspé, là où le Saint-Laurent cesse d'être un fleuve pour devenir un golfe. À la hauteur de Grand-Métis, le fleuve a une largeur d'environ 40 milles [64 km] et ses marées d'eau salée atteignent de 16 à 20 pieds [5 à 6,5 m]. La proximité d'une masse d'eau salée aussi considérable est l'un des facteurs les plus importants qui contribuent au bien-être de ce que nous faisons pousser. Estevan Lodge et ses jardins se dressent sur une falaise qui surplombe le Saint-Laurent, d'où ils contemplent sa rive nord. »

C'est ainsi qu'Elsie Reford décrit le cadre de ses jardins de Grand-Métis en 1939. Ce qu'elle appelait « un jardin de lis dans le Bas-Saint-Laurent » est largement connu aujourd'hui sous le nom de Jardins de Métis, ou parfois de Jardins Reford. Mais, pour tous ceux qui l'ont visité, ce domaine reste un endroit spécial, l'héritage vivant de l'imagination, du courage et de l'obstina-

tion de sa créatrice. Pendant plus de 50 ans, Elsie Reford est retournée à Métis chaque été, conquise année après année par la fraîcheur de l'air et la splendeur des couchers de soleil, ainsi que par les habitants de la région.

Métis est un lieu dont la beauté est unique et indescriptible. Depuis l'époque où il a été colonisé, au début du XIXe siècle, cet endroit a toujours su allier la nature à la culture. Aujourd'hui, la région est connue pour les jardins qui portent son nom et pour les estivants qui y reviennent chaque année, enviés par les touristes qui s'aventurent derrière les haies de cèdres.

Métis apparaît pour la première fois sur les cartes du XVIIIe siècle : on y distingue les rivières « Grand

Mitis » et « Petit Mitis ». Le terme « métis » ne désigne pas ici une population d'origine mélangée ; il s'agit d'un mot micmac qui signifie « rivière aux peupliers ». On voit en effet souvent des peupliers sur les bords de la rivière qui coule sur 51 km entre les collines de cette vallée pittoresque. La rivière Mitis était pour les Autochtones la principale voie de circulation entre le fleuve Saint-Laurent et la baie des Chaleurs. Des fouilles archéologiques ont montré que la rivière a été abondamment utilisée de 10 000 à 8000 ans avant notre ère. Elle coule du sud au nord, depuis le lac Mitis, où elle prend sa source, jusqu'au fleuve. Rapide et peu profonde, elle descend brusquement tout près du village de Price et donne naissance à de spectaculaires chutes de 30 m de haut. Le village de Grand-Métis a été établi au niveau de son embouchure.

La rivière Mitis servait de ligne de démarcation entre deux seigneuries, la seigneurie de Peiras et la seigneurie Fief Pachot. Ces grandes

△ *Grand-Métis, 1902.*

◁ *La rivière Mitis en 1840. Œuvre de James Renwick.*

propriétés foncières avaient été octroyées par le roi de France à des seigneurs qui avaient pour mandat de coloniser les terres ainsi reçues. Concédées respectivement en 1675 et 1689, les deux seigneuries n'ont été colonisées qu'au début du XIXe siècle. Le premier « seigneur » à vivre sur sa propriété fut John McNider. Marchand de bois à Québec, McNider acheta la seigneurie en 1807. Il avait à cœur de développer la région. Dans les années 1820, il invita des familles de son Écosse natale à s'établir à Métis, où elles défrichèrent des terres dans les deux premiers rangs.

Les eaux rapides de la rivière Mitis offraient un emplacement naturel pour une scierie ou une meunerie. Dans les années 1820, la famille Larrivée (ou L'arrivée) construisit une scierie au-dessus d'une série de rapides, pour tirer parti de la force du courant et du flottage des billes. Des barrages en bois et en osier furent érigés pour retenir les estacades. Les planches d'épinette et de pin jaune passaient dans une glissoire aménagée le long de la rivière. Après quelques années, la baie était devenue un port fréquenté. Les bateaux mouillaient au large de la pointe aux Senelles (ou Cenelles, d'après le nom du fruit de l'aubépine) et des barges faisaient le transbordement du bois d'œuvre en dépit des courants, de l'étroitesse du chenal et des marées. La scierie des Larrivée passa finalement aux mains de William Price,

le magnat du bois, qui acheta également la seigneurie du lac Mitis, riche peuplement forestier situé à la source de la rivière. Tout près, à l'anse des Morts, s'organisait une florissante pêcherie de morue et de flétan, on y posait aussi des filets pour le saumon et le hareng, qui étaient nettoyés, salés ou mis dans la saumure pour le marché de Québec ou pour l'exportation.

La région était inaccessible par la terre. En suivant la plage, les routes n'étaient praticables qu'à marée basse. Grand-Métis gagna en importance le jour où Sir James Kempt, administrateur du gouvernement du Canada, décida de construire une route militaire pour relier le Saint-Laurent à la baie des Chaleurs. Au moment de la guerre de 1812, il était devenu évident qu'il fallait une route pour protéger les communications entre les Maritimes et le Québec dans l'éventualité d'une invasion américaine. La route Métis-Matapédia fut dessinée en 1824 et construite entre 1829 et 1840. Elle partait de l'embouchure de la rivière Mitis et descendait vers le sud jusqu'à Restigouche. Même si elle n'a jamais servi à des fins militaires, la route Kempt a littéralement mis Grand-Métis « sur la carte ». Quelques années plus tard, le village obtenait un bureau de poste. En 1871, Métis pouvait se vanter de compter une station de télégraphie et une pension, deux forgerons, un maçon, un menuisier, un ébéniste, un charron, un boulanger, un réparateur de navires, un meunier, plusieurs marchands et commerçants, deux notaires, un pasteur presbytérien et plusieurs maîtres d'école, sans oublier l'agent de la Price Brothers and Co.

▽ *Les chutes de la rivière Mitis, juste avant le village de Price.*

△ *La rivière Mitis aujourd'hui, rapide et peu profonde.*

◁ *Vue depuis le belvédère des Jardins de Métis, l'embouchure de la rivière se perd dans le Saint-Laurent.*

Depuis longtemps déjà, la région attirait des visiteurs de marque. En 1844, le géologue William Logan, fondateur et premier directeur de la Commission géologique du Canada, parcourut la rivière Mitis, releva ses formations géologiques et dessina ses chutes. William Dawson, géologue et paléontologue qui fut recteur de l'Université McGill de Montréal, suivit ses traces plusieurs années plus tard. Il fit beaucoup de travail sur le terrain dans la péninsule gaspésienne. Lors d'une de ses expéditions, il s'arrêta dans le hameau de Petit-Métis, dont la communauté d'immigrants écossais était petite, mais florissante. Il tomba sous le charme et revint souvent, pour y établir sa résidence d'été et inciter ses amis de McGill et de Montréal à faire de même.

Avec la construction du chemin de fer Intercolonial, terminée en 1876, la région commença à attirer des touristes. Petit-Métis devenait peu à peu un lieu de villégiature estivale à la mode connu sous le nom de Métis-sur-Mer ou *Metis Beach*. Mais des villages comme Grand-Métis perdaient beaucoup de leur importance. L'activité économique se déplaçait vers les villes établies le long du chemin de fer, car plusieurs d'entre elles, telle *Sainte-Flavie Station* (Mont-Joli), étaient devenues des points d'approvisionnement ferroviaires. La société Price Brothers déménagea sa scierie pour se rapprocher de la voie ferrée, et une ville patronale naquit autour du moulin à scie : elle prit le nom de Price. Ce n'est que lorsque le chemin de la côte devint route provinciale que Grand-Métis finit par regagner un peu de prestige.

George Stephen est l'un de ceux qu'a attirés la beauté de la région. Homme d'affaires influent de Montréal, il avait fait fortune dans les chemins de fer au Minnesota et au Manitoba dans les années 1870. Le Premier ministre du Canada, Sir John A. Macdonald, allait lui demander de présider le consortium qui construirait le chemin de fer du Canadien Pacifique. À compter de 1874, Stephen loua la rivière Mitis pour 20 $ par année à Ulric-Joseph Tessier, juge et propriétaire foncier dont l'épouse avait hérité d'une partie de la seigneurie. Le potentiel de la rivière Mitis intéressait Stephen. Sans avoir la réputation d'être une rivière à saumon, elle avait pourtant inspiré un amateur de plein air qui écrivait ce qui suit dans *Salmon Fishing in Canada*, un ouvrage publié à Londres en 1860 : «[...] ils se rendirent jusqu'à Métis, où ils furent logés sur les bords d'un cours d'eau aussi enchanteur que riche en saumons [...] si un pêcheur se trouvait à Métis à la bonne saison – en juin –, il avait toutes les chances de faire une belle prise et d'en rater plusieurs autres [...]. Si le seigneur des lieux tient parole, s'il détruit les barrages et fait retirer les billes de la rivière, elle pourrait lui rapporter une jolie somme chaque année comme rivière à saumon. »

Le chemin de fer intercolonial rendait la région accessible à partir de Montréal. Stephen était un habitué. Au lieu-dit « Les Fourches », au confluent des rivières Matapédia et Causapscal, il se fit construire un modeste camp de pêche. Il s'y rendait dans son wagon privé, le *Metapedia*, et y passait plusieurs semaines chaque été en compagnie de sa femme et de ses nombreux invités. Mais, en 1885, il décida de déménager son camp à Grand-Métis. Il fit don de son terrain à ses anciens employés et vendit le camp et ses fosses à saumons, qui devinrent un club de pêche privé, le *Matamajaw Salmon Club*.

En 1886, Stephen acheta à Ulric-Joseph Tessier la seigneurie du Fief Pachot pour 20 000 $. La propriété comprenait la pointe aux Senelles ainsi que les moulins et les barrages sur la rivière. Il fit sauter les barrages et interdit aux bûcherons d'utiliser la rivière pour la drave.

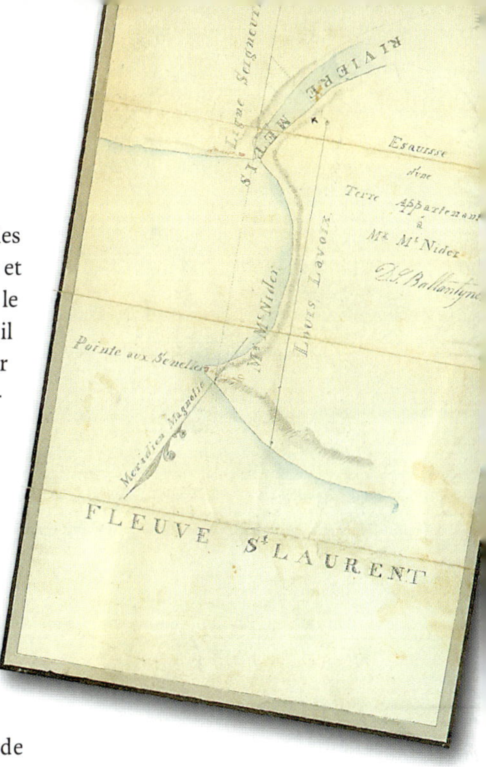

△ *Carte de la seigneurie Fief Pachot.*

▽ *Dessin de la maison de plain-pied édifiée par Lord Mount Stephen en 1887.*

◁ *Page de gauche : George Stephen, homme d'affaires influent et l'un des principaux artisans des chemins de fer canadiens.*

◁ Le Metapedia, *wagon privé de George Stephen.*

Estevan Lodge

En 1887, Stephen fit construire une maison de plain-pied surplombant la rivière Mitis. Le domaine de Stephen comprenait la rivière Mitis de son embouchure jusqu'aux chutes, le pavillon de pêche et ses dépendances, une ferme de plusieurs centaines d'acres et la pointe aux Senelles. À l'exception d'un mât, d'une haie de cèdres et d'une allée bordée d'arbres, le terrain n'avait pratiquement pas été aménagé. On coupait le foin pour nourrir les chevaux et quelques pots de fleurs ornaient la véranda.

Stephen baptisa son nouveau domaine « Estevan Lodge ». « Estevan » était le nom de code télégraphique qu'il employait pour ses communications confidentielles avec le directeur général du Canadien Pacifique, William Van Horne. Le premier été, en 1887, Stephen fut l'hôte de son cousin Donald Smith (le futur Lord Strathcona) et du magnat des chemins de fer américain J. J. Hill. Il reçut aussi Lord Lansdowne, le premier d'une longue série de gouverneurs généraux invités à Estevan Lodge.

Tout comme la somptueuse résidence de la rue Drummond à Montréal, Estevan Lodge fut de moins en moins fréquentée par George Stephen. Après la mort de son épouse, en 1896, il ne revint jamais à Grand-Métis. Il se sentait incapable d'aller à la pêche sans l'avoir à ses côtés. En 1900, il vendit sa maison de la rue Drummond à son beau-frère, Robert Meighen. Veuf et sans enfant, il prêtait Estevan Lodge à ses associés et aux membres de sa famille. Le domaine fut le coin de pêche favori de plusieurs des hommes les plus riches d'Amérique, tels James Stillman, John Sterling et Percy Rockefeller. Au nombre des visiteurs les plus assidus, la nièce de Stephen, Elsie Reford.

△ *Elsie Reford entourée de ses guides et des prises de la journée.*

Robert Wilson Reford

1867-1951

Robert Wilson Reford naquit à Montréal en 1867. Fils aîné de Robert Reford et Katharine Drummond, il étudia à l'*Upper Canada College* puis au *Lincoln College* de Sorel. Son père, qui avait immigré encore enfant d'Antrim, en Irlande, avait fondé la *Robert Reford Company*, une société maritime établie à Montréal en 1866. Le jeune homme suivit ses traces dans l'industrie du transport maritime et commença son apprentissage comme commissaire de bord en Méditerranée. En 1889, il fut envoyé à Victoria, en Colombie-Britannique, pour y devenir directeur adjoint de la *Mount Royal Rice Mills*.Puis il travailla dans des bureaux de navigation à Anvers et à Paris. De retour à Montréal, il entra au service de la *Robert Reford Company*. Nommé associé en 1906, il devint président de la société à la mort de son père en 1913. Robert Reford participait activement à la vie commerciale et politique de Montréal. Mais sa grande passion était la photographie et les collections d'œuvres d'art. Il se procura l'un des premiers appareils Kodak en 1888 et devint l'un des photographes amateurs les plus prolifiques du Canada. Ses albums figurent aujourd'hui parmi les trésors des Archives nationales du Canada. Plus tard, à Grand-Métis, il passa des heures à photographier les jardins et les paysages des environs.

Il rassembla l'une des plus importantes collections d'œuvres d'art du Canada. Il était lui-même artiste et passait de longues heures à dessiner sur le bord de la rivière Mitis et à son camp de chasse du lac Caribou. Il mourut à Montréal, le 15 novembre 1951.

▷ *Robert Wilson Reford et son fils Bruce, vers 1896.*

Un miracle de beauté

« Par une de ces nuits d'été où se répand partout une rare tranquillité et où le monde paraît enveloppé dans un silence sacré, rompu seulement par le clapotis du flot de la marée sur la plage, et où la lune étincelante et argentée dans un ciel sans nuage inonde de lumière chaque pétale de chaque lis et le visage de chaque fleur, la beauté ineffable du paysage transcende le temps et l'espace et suggère l'éternité d'un au-delà qui se fait proche. »

Elsie Reford, 1949

Elsie Reford entreprend d'aménager ses jardins à Grand-Métis durant l'été 1926. Elle a 54 ans. Ce qui deviendra une passion est d'abord le fruit de la nécessité. L'été précédent, elle a été opérée de l'appendicite. Pendant sa convalescence, son médecin lui a déconseillé la pêche, car il craint qu'elle n'ait plus la force de regagner la rive. « Pourquoi ne pas vous mettre au jardinage ? » lui a-t-il demandé, estimant sans doute qu'il s'agit là d'un passe-temps plus indiqué pour une convalescente d'un certain âge. Elsie a donc entrepris d'élaborer les jardins et d'en superviser la construction. Il lui faudra dix ans pour aménager ce domaine qui couvrira plus de huit hectares.

Elsie Reford doit surmonter de nombreuses difficultés pour mener à bien son projet. La première, ce sont les allergies qui la clouent au lit, parfois pendant plusieurs jours. Le deuxième obstacle tient à la propriété elle-même. Estevan est avant tout un camp de pêche : le site a été choisi parce qu'il est proche d'une rivière à saumon et qu'il offre un point de vue spectaculaire, mais pas pour la qualité de ses sols.

Lorsqu'elle commence à creuser, Elsie a tôt fait de découvrir le défi que représente la construction d'un jardin à Grand-Métis. Elle écrit : « Quand on a entrepris de tracer les premiers jardins, on a découvert que le terrain ne se prêtait en rien à l'horticulture. » La terre de surface est pauvre et, en dessous, il n'y a que de l'argile. Pour corriger les défauts de la nature, Elsie fabrique une terre adaptée à chacune des plantes qu'elle a choisies, avec de la tourbe et du sable qu'elle fait venir de ses fermes. « Il a fallu du temps et de la patience pour transporter et bien mélanger ces deux ingrédients en y ajoutant du gravier ramassé sur les plages. Le terreau de feuilles posait un autre problème, car il n'y avait pas assez de feuillus dans nos bois pour satisfaire nos besoins. Mais on a résolu la difficulté en instaurant un système de troc : du saumon de la rivière Mitis contre les feuilles du bosquet d'un voisin. » Cet échange sourit aux agriculteurs locaux, confrontés aux difficultés de la Grande Dépression. Dès cette époque, les jardins créent de l'emploi dans une région où, aujourd'hui encore, le chômage est élevé.

Elle prend des notes dans des cahiers de jardinage qu'elle tient religieusement tous les jours de l'été.

Le génie d'Elsie Reford comme horticultrice tient à la connaissance qu'elle a développée des besoins des plantes. À propos des lis, ses fleurs préférées, elle écrit : « j'ai appris à les cultiver [...] par essais et erreurs. Il n'y a pas eu d'architecte paysagiste pour m'éviter les gaffes, longues et laborieuses à corriger sans doute, mais dont chacune m'a appris quelque chose. »

Avec les années, elle est devenue une spécialiste des plantes. Vers la fin de sa vie, Elsie Reford est en

mesure de conseiller d'autres jardiniers ; elle publie des articles dans les revues de la *Royal Horticultural Society* et de la *North American Lily Society*. Sans faire étalage de ses compétences, elle étonne ses visiteurs par son savoir encyclopédique. Ses journaux constituent une source irremplaçable de renseignements pour restaurer les jardins tels qu'elle les a créés.

Quand elle se met au jardinage, elle n'a guère de modèles. Des jardins ont été aménagés au Québec dès l'arrivée des premiers colons, au XVIe siècle ; Montréal et Québec ont eu des jardins impressionnants au début du XIXe siècle. Mais personne n'a aménagé de jardin dans le Bas-Saint-Laurent, et surtout pas de la taille de celui qu'imagine Elsie Reford.

Mais la propriété a plusieurs atouts. D'abord, la proximité du Saint-Laurent et de la rivière Mitis entraîne une humidité atmosphérique considérable. Puis, en hiver, des précipitations de plus de 3 m de neige assurent aux jardins la protection d'une couverture moelleuse. La neige arrive tôt (en novembre) et disparaît tard (en mai), protégeant ainsi les plants de la rigueur des vents d'hiver, des gelées meurtrières et des températures qui peuvent descendre jusqu'à -25 °C ou même -35 °C en janvier et février. L'endroit est classé « zone 4 », mais des plantes jugées résistantes en « zone 5 » survivent parfois à ce climat. S'il y a peu de journées sans gel, la brièveté de la belle saison favorise une croissance rapide. La vie végétale éclate dès que la neige a disparu. La fraîcheur des nuits d'été aide à préserver la floraison, qui peut durer quelques semaines de plus que dans d'autres jardins. Ces conditions se sont avérées idéales pour des espèces comme le pavot bleu et les plantes alpestres, qui retrouvent ici un environnement semblable à leur habitat d'origine.

Les plantes les plus fragiles, comme les azalées et les érables rouges du Japon – généralement incapables de survivre sous un climat pareil –, ont été placées dans des replis protégés du vent.

△ *L'érable rouge du Japon* (Acer palmatum '*Atropurpureum*'), *une espèce fragile qui s'est adaptée de manière surprenante au climat de Grand-Métis.*

Concevoir les jardins

Elsie Reford n'est pas un architecte paysagiste et n'a jamais étudié la conception de jardins. En tant que collectionneuse, elle sait apprécier l'art, mais elle n'a jamais prétendu être elle-même une artiste. C'est donc avant tout guidée par son intuition qu'elle aborde la conception de ses jardins, se laissant davantage inspirer par la topographie des lieux que par le désir d'imposer un motif au paysage. Elle lit aussi beaucoup ; en plus des ouvrages habituels sur les plantes, nous savons que sa bibliothèque contenait plusieurs livres de Gertrude Jekyll, une conceptrice de jardins anglais, et un exemplaire très souvent consulté du *English Flower Garden* de William Robinson, un pionnier du « jardin sauvage ». Guidée par ses lectures et sa façon d'apprécier le paysage, Elsie a réalisé un jardin qui intègre plantes indigènes et plantes exotiques de manière harmonieuse et naturelle.

Le jardin qu'elle a créé est en réalité une série de jardins. Plusieurs se nichent le long du ruisseau Page, qui traverse la propriété d'est en ouest avant d'aller se jeter dans la rivière Mitis. Elsie a tracé un sentier qui serpente d'un jardin à l'autre, agrémenté à l'occasion de petits ponts qui enjambent le cours d'eau.

« On ne trouve nulle part de plantation formelle, écrit-elle, il n'y a pas de plates-bandes proprement dites car les jardins, entrecoupés ici et là de petits bosquets, ont été aménagés de façon à suivre le cours tortueux du petit ruisseau. »

△ *Le ruisseau Page.*

▽ *L'allée royale du temps d'Elsie Reford.*

△ *Lis royal* (Lilium regale) *photographié par Robert Reford.*

◁ *Une vue du jardin du ruisseau.*

Il n'y a qu'une seule ligne droite dans les jardins. « Il se trouve peut-être une très discrète tentative de composition formelle, écrit-elle, dans la double bordure d'herbacées de plus de 300 pieds [100 m] de long, qui a reçu le nom d'" allée royale ". Ce sentier d'une largeur de 7 pieds [2,3 m], encadré de deux plates-bandes en pente de 12 pieds [3,9 m] de large chacune, offre un point de vue sur les lointaines collines bleues de la côte nord. » C'est ici qu'Elsie déploie sa grande ingéniosité. L'allée royale est en fleurs de la fonte des neiges jusqu'aux premières gelées, grâce à une sélection minutieuse de plantes dont les périodes de floraison se suivent les unes les autres. Les textes d'Elsie indiquent que sa saison préférée correspondait au moment « où s'élèvent en vagues brisées plusieurs milliers de lis royaux (*Lilium regale*) qui embaument la terre de leur parfum ».

Elsie Reford était à la fois horticultrice et collectionneuse. Les collectionneurs essaient souvent d'obtenir toutes les espèces, toutes les variétés, tous les cultivars connus d'un genre donné. Les lis étaient la fleur favorite d'Elsie et constituaient sa collection la plus importante, avec plus de 60 espèces et cultivars. Attirée par leur forme et leur rareté, elle aimait aussi leur parfum. Elle était également piquée par le défi que représentait leur culture à Grand-Métis. À sa grande surprise, les lis en appréciaient le climat autant qu'elle.

Durant les dernières années, elle collectionnait également les gentianes. Ces minuscules fleurs alpestres, originaires de hautes régions de montagne, produisent des fleurs extraordinaires. Ces plantes étant difficiles à trouver, Elsie mit un point d'honneur à développer l'un des rares jardins de gentianes qui existent dans le monde.

Comme elle l'avait fait pendant des décennies, à la fin de l'été 1959, Elsie Reford fit ses bagages et quitta Grand-Métis pour rentrer à Montréal. Elle ne devait jamais revenir. Elle avait déjà cédé la propriété à son fils aîné, Bruce Reford. Ce militaire à la retraite, qui avait servi dans les deux guerres mondiales, avait conscience de l'importance des jardins, mais il ne pouvait as-

surer leur entretien. Il vendit donc Estevan Lodge au gouvernement du Québec en 1961. Elsie ne fut pas sans regretter que la propriété ne soit plus dans la famille, mais elle écrivit elle-même : « cela semble beaucoup mieux que tout ce que j'avais cru possible. »

Les jardins ont été ouverts au public en 1962. Ils ont immédiatement attiré de nombreux visiteurs, fascinés par l'œuvre d'Elsie Reford. Après de modestes débuts, quelques services se sont ajoutés. Sous la direction d'André Boutin, un prêtre oblat, et de Thérèse Beaulieu-Roy, les Ateliers Plein Soleil de Mont-Joli ont ouvert une boutique d'artisanat et ils ont commencé à servir des repas à Estevan Lodge. La popularité des Jardins de Métis allant croissant, ils attirent chaque été plus de 100 000 visiteurs.

Le succès n'a cependant pas suffi à assurer la survie des jardins. En juin 1994, le gouvernement a décidé de les privatiser. Si aucun acheteur ne déposait de projet de préservation, les jardins seraient fermés. En 1995, des membres de la famille Reford et les Ateliers

Chaque jardin a ses particularités. Avec le temps, chacun d'eux a reçu un nom. Le fait de baptiser un jardin lui confère à la fois une personnalité et une certaine permanence. À l'occasion d'une visite de son premier petit-fils, Robert, dans les années 1930, Elsie donna son nom à un jardin. Ce fut désormais le Jardin de Robert. Évidemment, ses autres petits-enfants voulurent aussi avoir leur propre jardin. Mon père réclama le « scree » (le jardin des alpines). Elle n'accepta qu'avec réticence, car elle n'était pas encore certaine que ce jardin serait une réussite. Une fois le succès acquis, elle en parlait parfois comme du « miracle de Michael ». Ses autres petits-enfants, Maryon, Boris, Sonja et Alexis eurent chacun un jardin nommé en leur honneur.

◁ *Elsie Reford et son petit-fils Robert.*

Plein Soleil ont formé les Amis des Jardins de Métis et fait l'acquisition du domaine. Cette société sans but lucratif veille depuis lors au développement et à la restauration du domaine.

Des efforts importants ont été faits pour réintroduire des spécimens et pour restaurer les bâtiments et les terrains. Une série d'initiatives ont été prises pour attirer les jardiniers et les amateurs de jardins : programme de visites scolaires et guide pour les enseignants, vacances éducatives, stages – sans compter l'Université d'été de Métis, un projet mené conjointement avec l'Université de Montréal. La première édition du Festival international de jardins, un événement d'importance, destiné à faire de Grand-Métis un haut lieu de la création contemporaine de jardins, a eu lieu à l'été 2000.

Les jardins que nous voyons aujourd'hui ont été façonnés par la passion d'Elsie Reford, sculptés par ses mains et modelés par son goût. Le temps a, lui aussi, joué son rôle. De nombreuses plantes qu'elle a introduites continuent de s'épanouir. Les arbres ont grandi et dominent aujourd'hui là où on les remarquait à peine autrefois. Certaines des collections d'Elsie ont disparu avec elle. C'est le cas de la collection de gentianes qui est l'une de celles que l'on s'emploie actuellement à reconstituer minutieusement. Chaque année, plus de 200 variétés et espèces de plantes sont introduites, si bien que les Jardins de Métis en comptent aujourd'hui plus de 3000.

Administrer un jardin historique, c'est rechercher un heureux équilibre entre l'héritage légué par son créateur et la marche du temps. Depuis 1995, certaines sections ont été complètement restaurées. D'autres sont restées telles quelles, attendant le bon moment et les ressources nécessaires. Mais, comme du vivant d'Elsie Reford, les jardins sont encore aujourd'hui en constante évolution.

▽ *Le jardin du ruisseau aujourd'hui.*

2

VISITE DES JARDINS

Le jardin d'accueil

La visite des jardins débute à l'entrée de la propriété, là où se dressaient autrefois les grilles destinées à décourager les intrus. Elsie Reford avait construit ses jardins pour son plaisir. À l'exception des journées portes ouvertes qu'elle organisa pour venir en aide aux victimes du Blitz de Londres pendant la Deuxième Guerre mondiale, ses jardins étaient réservés à la famille, aux amis et aux invités. Aujourd'hui, le personnel vous accueille en vous offrant un dépliant qui indique la route à suivre. À l'entrée, les visiteurs ont le choix d'emprunter le sentier qui conduit aux jardins historiques, de suivre le chemin qui mène à la villa ou de passer à travers le sous-bois pour se rendre sur le site du Festival international de jardins.

La visite commence par le jardin d'accueil, l'un des plus récents aménagements. Il a été conçu dans les années 1960 pour faire passer les visiteurs de l'entrée aux jardins historiques en leur présentant la forêt indigène. À cause du climat et de la latitude de Grand-Métis, la forêt se compose surtout de résineux. On n'a pas coupé de bois sur la propriété depuis le XIXe siècle et plusieurs arbres sont plus que centenaires. Les épinettes blanches, aux troncs élancés et couverts d'écailles, et les mélèzes noueux dominent les autres arbres. La forêt héberge aussi quelques spécimens d'essences exotiques, tels le marronnier d'Inde (*Aesculus hippocastanum*) et le mélèze japonais (*Larix kaempferi*). Dans un autre coin, Elsie Reford a créé un petit arboretum où elle a tenté d'acclimater quelques essences étrangères à la région, comme le caryer (*Carya cordiformis*) et l'érable de Norvège (*Acer platanoides* 'Schwedleri'). Mais on compte plus sur les plantes herbacées que sur les arbres pour créer une atmosphère.

△ *Feuilles de marronnier d'Inde* (Aesculus hippocastanum).

◁ *Le ruisseau Page : les ponceaux des jardins ont été dessinés par Robert Wilson Wilson Reford.*

Les lichens poussent vigoureusement sur les résineux. Certaines personnes croient à tort que leur présence indique que l'arbre est malade. En fait, c'est le contraire. Les lichens sont un indice de la pureté de l'air ambiant. Certains arbres ont été attaqués par la tordeuse du bourgeon de l'épinette il y a une dizaine d'années. Ils ont aussi subi une tempête de verglas dans les années 1980 qui leur a fait perdre leur flèche. Mais d'autres arbres ont été plantés sous le couvert forestier pour prendre la relève. La forêt vit un rajeunissement constant.

Le jardin d'accueil présente une collection de plus en plus importante de plantes de sous-bois. Quand arrive enfin la fonte des neiges, au début du mois de mai, les premières espèces à fleurir sont des plantes à bulbe printanières, comme les jonquilles, les tulipes et

△ *Jeunes pousses de mélèzes.*

◁ *Un arbre couvert de lichen, signe de bonne santé.*

◁ *Narcisse* (Narcissus *sp.*).

▷ *Capillaires du Canada* (Adiantum pedatum).

les muscaris. Puis une collection d'ancolies (*Aquilegia vulgaris, A. alpina, A. longissima, A. atrata*), compagnes idéales des hostas et des fougères, envahit graduellement les massifs. Les annuelles ajoutent de la couleur à la fin de l'été, lorsque la floraison des vivaces est terminée. Jardiner au pied des épinettes exige une vigilance constante. Les arbres font concurrence aux plantes : cherchant l'humidité, ils étendent leurs racines avec voracité. Il faut retourner régulièrement les massifs et retirer les paillis de racines qui s'y sont formés.

Aux abords du sentier qui mène au jardin suivant, les prêles (*Equisetum pratense*) tapissent tout l'espace libre. Leur forme n'est pas sans rappeler leur origine préhistorique.

Le jardin du ruisseau

De temps à autre, le sentier traverse le ruisseau Page. Les ponceaux constituent l'un des rares éléments architecturaux des jardins. Dessinés par Robert Reford, leurs garde-fous étaient à l'origine faits de branches d'épinette. Ils ont été restaurés récemment selon le modèle original, mais en cèdre. On voit parfois un bain d'oiseau ou un

banc, mais Elsie Reford s'intéressait beaucoup plus aux plantes qu'aux ornements de jardin. Elle n'avait placé que deux sculptures dans ses jardins : un angelot jouant de la flûte (que l'on peut voir dans le musée) et une statue en bronze de Maria Chapdelaine, œuvre du sculpteur canadien-français Marc-Aurèle de Foy Suzor-Côté, représentant une femme au regard mélancolique appuyée à un râteau.

Le ruisseau serpente naturellement à travers la propriété, torrent impétueux au printemps, paisible cours d'eau à la fin de l'été. Sur ses bords, Elsie Reford a aménagé ses jardins ; elle a édifié des murets de

pierre pour contenir le cours d'eau et stabiliser le terrain en pente qui le borde. Du côté nord du ruisseau, elle a disposé de simples pierres des champs pour créer le « High Bank ». Aujourd'hui, ce jardin héberge des centaines de vivaces. Les pommetiers ornementaux (*Malus* sp.) y dessinent un cadre verdoyant. Dans bien des cas, il s'agit d'hybrides développés par l'hybrideure canadienne Isabella Preston, qui a su créer des cultivars assez résistants pour supporter le climat. Ils ont pour compagnons des lilas (*Syringa*) et quelques amélanchiers (*Amelanchier canadensis*).

On notera dans le massif central, qu'Elsie appelait le « Mound Garden », le saule de Boyd (*Salix* x *boydii*). Ce saule de petite taille, découvert dans les montagnes d'Écosse, a été planté par Elsie Reford dans les années 1930. Sa croissance est très lente. Au même endroit, le tapis de saxifrages (*Saxifraga rosea*) et de sanguinaires (*Sanguinaria canadensis* 'Flore Pleno') témoigne de l'ancienneté de la plantation qui

△ *Orpin* (Sedum spectabile).

▷ *Le « Mound Garden », au centre du jardin du ruisseau.*

remonte à plus de 70 ans. Ici comme ailleurs, Elsie Reford s'est servie d'une belle saxifrage (*Saxifraga umbrosa*) comme plante de bordure. Sa délicate fleur rose, épanouie en juin, cède la place à des rosettes vert tendre pendant le reste de l'été.

Une fois traversé le ponceau, l'œil est attiré par les feuilles géantes du pétasite (*Petasites japonicus* var. *giganteus*). Cette plante qui ressemble à la rhubarbe apprécie les bords humides du ruisseau.

△ *Sabot de la Vierge* (Cypripedium calceolus), *une orchidée indigène rare que le visiteur peut admirer à Métis.*

▷ *De haut en bas : radiaire* (Astrantia major), *anémone des bois* (Anemone nemerosa), *saxifrage* (Saxifraga umbrosa) *nommée « désespoir des peintres » devant un hosta à feuilles ondulées* (Hosta undulata).

▷ *Le ruisseau guide l'organisation du jardin qui suit son cours sinueux.*

L'allée des azalées

Les azalées (*Rhododendron* sp.) ne sont pas censées pousser à Grand-Métis. Pour la plupart originaires d'Asie, les azalées apprécient surtout les climats tempérés, où elles peuvent atteindre 3 m de haut et 6 m de diamètre. Grand-Métis se trouve bien en dehors de leur zone de culture et, à cause de la rigueur de son climat, les azalées y dépassent rarement 2 m. Elles y adoptent une forme plus compacte qui leur permet de supporter le poids des neiges abondantes. Plantées dans un vallon, à l'endroit le moins élevé des jardins où l'air est paisible et l'humidité abondante, elles font pourtant éclater à Métis leurs teintes de pêche, de jaune, de rouge et de rose.

Elsie Reford a probablement été la première à tenter de cultiver des azalées et des rhododendrons sous un climat aussi boréal. Séduite par leur extraordinaire palette de couleurs, elle en avait fait

△ *Fleurs d'azalée : des formes gracieuses et des tons délicats.*

▷ *Les doux coloris du jardin au printemps.*

venir plusieurs plants, notamment des *Exbury Gardens* appartenant à Lionel de Rothschild, un collectionneur et un hybrideur célèbre.

Tout près de l'allée des azalées se trouve un vieil érable rouge du Japon (*Acer palmatum* 'Atropurpureum') planté par Elsie Reford. Ce spécimen au tronc noueux a survécu en dépit des gelées et du dépérissement auquel sont sujets les érables japonais sous une latitude aussi élevée. Il témoigne de la prédilection d'Elsie pour les plantes asiatiques, qui devenaient à l'époque accessibles aux jardiniers occidentaux.

Dans le massif supérieur, on a récemment ajouté plus d'une cinquantaine de rhododendrons (*Rhododendron schlippenbachii*) pour créer un massif de fleurs rose pâle

Le jardin des mousses

Depuis le dernier ponceau, bercé par le murmure du ruisseau, on peut observer le jardin des mousses. Il s'agit d'une œuvre d'art créée par Francine Larivée : *Un paysage dans le paysage — le paysage comme tableau vivant, 1993-1996*. Commandée par le Musée régional de Rimouski, l'œuvre a été créée expressément pour ce site. Elle s'est construite sur plusieurs années, offrant un exemple réussi d'intégration de l'art contemporain à un jardin historique.

L'œuvre est essentiellement composée de diverses formes de mousses. Elles ont été soigneusement fixées à une base de polystyrène sculptée par l'artiste pour leur donner des formes ondulantes. Ces panneaux sont ancrés dans des boîtes en acier inoxydable, elles-mêmes déposées sur les vestiges d'une structure de ciment. Il s'agit d'un ancien barrage qui formait un réservoir pour approvisionner Estevan Lodge en eau potable. Chaque automne, l'œuvre est retirée du site, et on l'y réinstalle au printemps, après la fonte des glaces.

en juin. On y a aussi planté un lis qu'Elsie Reford affectionnait, mais qui fut pour elle une source de frustration : le lis du Canada (*Lilium canadense*). Malgré son nom, et bien qu'on l'ait déjà aperçu dans la vallée de la Matapédia toute proche, le climat plus froid de Grand-Métis lui a souvent déplu. Sa forme est ravissante quand il déploie discrètement ses pétales d'un jaune orangé.

◁ *Page de gauche : astilbes dans la lumière matinale.*

△ *En haut à droite : sceau de Salomon* (Polygonatum multiflorum).

△ *Un bain d'oiseau au fil des saisons, entre bégonias en fleur et fougères.*

▷ *Pages suivantes : pivoine* (Paeonia *sp.*).

Le jardin des pavots bleus

Le jardin des pavots bleus doit son nom à l'une des plantes les plus rares et les plus fascinantes des collections d'Elsie Reford. Le pavot bleu de l'Himalaya compte parmi les merveilles du monde végétal. Originaire des gorges du Tsang Po, dans le sud-est du Tibet, il pousse entre 3120 et 4000 m d'altitude. L'explorateur et botaniste anglais Frank Kingdon Ward, qui le découvrit en 1924, le décrivit comme suit : « ses fleurs étaient parfaites, de ce bleu turquoise intense et lumineux qu'on associe à l'atmosphère limpide du toit du monde. » Le pavot bleu de l'Himalaya n'a cessé de fasciner et d'enchanter les jardiniers depuis que les premiers plants cultivés à partir des graines rapportées par Ward du Tibet ont été présentés à la Société royale d'horticulture à Londres, en 1926.

Les pavots bleus des Jardins de Métis sont les descendants des premières graines semées par Elsie Reford dans les années 1930. Intriguée par l'enthousiasme que suscitait le pavot bleu, elle fut parmi les premiers horticulteurs d'Amérique du Nord à entreprendre de cultiver ces plantes qu'elle obtint des *Royal Botanic Gardens*, en Écosse. Cela prit du temps, mais quelle réussite étonnante ! En 1946, Frank Kingdon Ward dit avoir reçu « une lettre de remerciement d'une dame au Canada, avec une photographie montrant des centaines de fleurs écloses dans son jardin sur les rives de l'estuaire du Saint-Laurent. "La plante pousse si bien que se promener le long d'un sentier entre des massifs en pente, entièrement couverts de ces ravissants pavots bleus, donne l'impression de traverser une vallée enchantée dans un pays de rêve." » Cette dame, c'était Elsie Reford...

Photo : Michael Mahovlich

Une plante emblématique

Emblème des jardins depuis des décennies, le pavot bleu (*Meconopsis betonicifolia*) est notoirement difficile à cultiver. Peu de jardins en ont une aussi grande collection. Notre succès tient pour une bonne part au climat du Bas-Saint-Laurent, qui procure l'humidité et l'air frais que recherche cette plante. Le couvert neigeux hâtif et abondant protège les plants et les empêche de s'assécher pendant les mois d'hiver. Atteignant 1,5 m de hauteur, ils s'épanouissent à la mi-juin et leur floraison dure jusqu'à la fin de juillet.

Cultiver le pavot bleu

Le *Meconopsis* est la seule plante à fleur bleue de la famille du pavot, mais cette espèce dont le nom veut dire « semblable au pavot » diffère des autres pavots sur le plan botanique. Sa particularité est le réceptacle allongé où sont logées les graines. Et n'allez surtout pas croire que vous pouvez le cultiver dans les mêmes conditions que les pavots orientaux ou les pavots de Californie ! Il exige au contraire un sol riche en humus et très acide, avec un pH inférieur à 7. Le *Meconopsis betonicifolia* est considérée comme la forme de pavot bleu la plus facile à cultiver. Cela fait un certain temps que nous tentons de déterminer les meilleures conditions de culture pour cette espèce. Nous recommandons un sol conçu expressément pour les pavots bleus en mélangeant de la tourbe (1/3), du terreau de feuilles (1/3) et du compost (1/3). Creusez au moins 30 cm et substituez ce mélange au sol existant. Préparez-vous à arroser régulièrement. Le pavot bleu doit demeurer en milieu humide, surtout au milieu de l'été, mais il n'apprécie pas les sols détrempés. Le lit doit bien s'égoutter. À l'état sauvage, le *Meconopsis* pousse souvent en pleine clairière. Au jardin, mieux vaut le cultiver sous un couvert d'arbres, feuillus de préférence, pour lui offrir une ombre ajourée ou la lumière du soleil matinal. Elsie Reford a disposé ses plants sur des pentes bien drainées, à l'ombre de pommetiers ou de bouleaux, dans des massifs entourés par un épais feuillage de rhododendrons. La formule s'est avérée idéale pour protéger les pavots des vents qui risquaient de les dessécher.

Grand-Métis expose le *Meconopsis betonicifolia* aux températures les plus basses qu'il puisse connaître. Notre expérience démontre que la plante peut résister aux températures froides à condition d'être protégée par une couverture neigeuse ou par un dispositif artificiel. En ce cas, mieux vaut éviter les matériaux qui retiennent trop l'humidité, car le *Meconopsis* est sujet à la pourriture du collet. Le véritable ennemi du *Meconopsis betonicifolia* n'est pas le froid, mais plutôt la chaleur, et la sécheresse qui accompagne souvent les hautes températures estivales.

Certains *Menocopsis* sont dits monocarpiques (c'est-à-dire qu'il leur faut plusieurs années avant de fleurir, s'épanouir, produire leur fruit, puis mourir). L'espèce *M. betonicifolia* est généralement vivace, mais quelques pertes sont inévitables. Les manuels conseillent généralement aux jardiniers de pincer les boutons, la première année, pour encourager la plante à bourgeonner et à développer des tiges adventices à la base. D'après notre expérience, les plantes semées en janvier bourgeonnent rarement la première année. La reproduction peut se faire à partir de la graine, mais l'expérience est souvent frustrante. La germination est lente et peut devenir une question de chance, selon la fraîcheur et la viabilité des graines. On trouve parfois des plants dans les centres de jardinage, mais il est plus facile de s'en procurer dans les pépinières spécialisées. Depuis plusieurs années maintenant, les Jardins de Métis produisent des graines et des plants pour la vente. Nous partageons également notre expérience et nos techniques de reproduction, pour que d'autres jardiniers puissent réussir à cultiver cette plante remarquable.

L'allée royale

Au tournant du sentier de l'allée des azalées, on est invité à emprunter un petit escalier. Au sommet, l'allée royale apparaît dans toute sa splendeur. Deux massifs de 90 m débordent de fleurs sur toute leur longueur. L'allée royale est l'une des créations les plus originales d'Elsie Reford. Elle a été inspirée par les plates-bandes mixtes conçues par Gertrude Jekyll pour les plus grands jardins d'Angleterre. Deux petits murets de pierre délimitent l'allée, entourée de chaque côté par des massifs en pente douce. Les dalles sont en ciment et les petits coquillages qui y sont incrustés indiquent que le sable a été apporté de la plage en contrebas. L'allée débouche sur un point de vue sur le Saint-Laurent, qu'on aperçoit à travers les arbres.

L'allée royale est une explosion de couleurs, illuminée par le jaune éclatant des corbeilles d'or (*Aurinia saxatilis*) et par l'arabette du Caucase (*Arabis caucasica*), qui fleurit dès la fonte des neiges en mai. Les fleurs s'épanouissent les unes après les autres : lilas, pivoines, phlox, pieds-d'alouette et lis. Les roses viennent compléter ce tableau d'honneur de la beauté.

L'allée royale est aussi un subtil exercice d'harmonie conjuguant différentes formes de plantes. Les massifs étant en pente douce, la taille des fleurs les plus hautes, tel le pied-d'alouette (*Delphinium* x *cultorum* 'Pacific Giant Serie' et *D.* x *belladonna*), s'en trouve accentuée, ce qui produit l'effet d'un tunnel floral. Les pieds-d'alouette dominent en fond de scène et les autres plantes sont disposées en ordre décroissant, jusqu'aux plus petites,

▷ *De g. à dr. : pivoines communes* (Paeonia lactiflora), *pivoines* (Paeonia veitchii), *rosier polyanthe* (Rosa *sp.*), *rosier Kordesii* (Rosa *'Palmengarten Frankfurt'*).

▽ *L'allée royale au début de l'été.*

comme l'arabette (*Arabis*) et la pâquerette (*Bellis perennis*), qui s'accrochent aux bords de l'allée. Quand les jardins n'accueillaient pas plus de 40 ou 50 visiteurs par année, des plantes rupestres poussaient allégrement entre les dalles. Le sentier entre les plates-bandes ne mesurait que 30 cm de large, juste assez pour laisser passer une brouette... ou un petit-fils. Aujourd'hui, alors que 200 000 pieds foulent chaque été l'allée royale, ces plantes sont les malheureuses victimes de la popularité des jardins.

Dans l'allée royale, vous pouvez apprécier le goût d'Elsie Reford pour les teintes pastel. Elle évitait généralement les plantes aux couleurs vives ou criardes, leur préférant une palette plus douce de blanc, de bleu et de rose. Cela se manifeste dans son choix de roses, qui comprend des rosiers polyanthes, des rosiers floribunda et des rosiers arbustifs de différentes tailles et de couleurs variées. Plusieurs sont des cultivars très anciens, comme les roses 'Else Poulsen', 'Pink Bountiful' et 'Peace'.

L'allée royale abrite plus de 400 espèces et variétés de plantes ; impossible d'en présenter ici le détail. Plusieurs méritent néanmoins de retenir l'attention. Les pivoines ont été plantées par Elsie Reford dans les années 1920. Une pivoine particulièrement rare, *Pæonia veitchii*, originaire de Chine, donne au début de juin une fleur d'un rose profond. Parmi les lis, on trouve le lis royal (*Lilium regale*), le lis doré du Japon (*L. auratum* var. *platyphyllum*) et des hybrides orientaux (L. 'Casablanca' et L.'Olivia'). Choisis pour leur couleur et leur parfum, Elsie en raffolait. Elle n'est pas la seule. Au mois d'août, on voit des visiteurs quitter l'allée royale avec du pollen sur le nez ou sur les vêtements, preuve de la fascination éternelle qu'exerce le lis. Attention ! Les taches sont souvent impossibles à faire disparaître !

▷ *De g. à dr. : fruits de chèvrefeuille* (Lonicera *sp.*), *campanules à feuilles rondes* (Campanula rotundifolia), *pâquerette* (Bellis perennis) *et pieds-d'alouette (*Delphinium *x* cultorum *'Pacific Giant Serie').*

▽ *L'allée royale en plein été.*

La beauté des lis

Le long du ruisseau, Elsie Reford a accordé une place de choix à sa fleur préférée : le lis. L'éclosion des lis martagon, à la fin de juin, est un véritable spectacle. La forme particulièrement exotique de la fleur évoque un bonnet turc. Il est fréquent que les spécimens blancs (*Lilium martagon* var. *album*) et bordeaux (*L.martagon* var. *cattaniae*) s'auto-ensemencent et s'échappent du jardin pour trouver refuge dans le bois. Tout près pousse un autre lis de type martagon (*L. pumilum*), remarquable par sa couleur rouge écarlate. Les lis martagon peuvent demander jusqu'à quatre ans entre la germination et la première floraison. Plantés avec des capillaires (*Adiantum pedatum*), ils témoignent du mariage réussi entre espèces indigènes et exotiques, qui caractérise la plantation conçue par Elsie.

Sujettes aux attaques des petits rongeurs, depuis peu les liliacées sont aussi victimes du crioscère du lis (*Lilioceris lilii*). Elsie Reford avait coutume d'offrir une prime aux jeunes garçons des environs qui capturaient des taupes, des tamias et des écureuils. Nous préférons généralement les laisser tranquilles – mais ils apprécient les lis tout autant que les visiteurs, quoique pour des raisons différentes.

◁ *De g. à dr., de haut en bas : lis turban* (Lilium pumilum), *lis royal* (L. regale), *lis asiatique* (L. *' Marseille '*), *lis turban* (L. martagon), *lis du Canada* (L. canadense), *lis asiatique* (L. *' Sweet Surrender '*), *lis turban blanc* (L. martagon *var.* album), *lis turban* (L. martagon *var.* cattaniae), *lis oriental* (L. *' Stargazer '*), *lis asiatique* (L. *' Enchantment '*).

▽ *Elsie Reford avec sa petite-fille Maryon.*

La villa Reford

Connue dans les environs sous le nom de villa Reford, cette maison a longtemps porté le nom d'Estevan Lodge. Le bâtiment fut construit en 1887 pour Sir George Stephen. Les gigantesques portes d'entrée sont dignes des souvenirs qu'elles abritent. Fabriquées en fausse pruche (pin de la Colombie-Britannique), comme une bonne partie de l'intérieur de la résidence, ces portes s'ouvrent sur le hall d'entrée, dominé par un imposant portrait d'Elsie Reford. Exécuté en 1915 par un peintre londonien d'origine hongroise, Philip Alexius De László (1869-1937), il fut donné à Elsie par son mari comme cadeau de Noël. Réalisé par le même artiste, un portrait de leur fils aîné, Bruce Reford (1895-1972), orne un des murs de la salle à manger.

Dans le salon, Elsie Reford s'asseyait souvent à une grande table ronde pour écrire sa correspondance et ses journaux. Les murs étaient décorés de scènes de pêche, et les

meubles couverts de tissu à motif floral. La vocation de la salle à manger a été respectée : on y offre des repas aux visiteurs qui souhaitent se restaurer après leur exploration des jardins. Les autres pièces du rez-de-chaussée étaient des chambres à coucher destinées à Sir George Stephen et à ses nombreux invités. Elles servent aujourd'hui à toutes sortes d'événements (réunions, repas, mariages, rencontres et conférences).

En 1926, Elsie Reford a fait agrandir la maison selon les plans de l'architecte montréalais Galt Durnford. L'étage a été modifié afin d'aménager un appartement pour Elsie et Robert Reford, une salle de couture pour elle et une chambre noire pour lui. La cuisine a été agrandie, et l'édifice prolongé pour loger les domestiques. À une certaine époque, le personnel comptait plus d'une

Le belvédère

Le sentier qui mène au belvédère s'avance parmi les pins de montagne (*Pinus mugo*), qui ont été plantés dans les années 1960. De ce point d'observation, les visiteurs découvrent un splendide coup d'œil sur la rivière Mitis. Le mât, en haut duquel flottait autrefois l'Union Jack, arbore maintenant les couleurs des jardins. Une plaque, installée par la Commission des lieux et monuments historiques du Canada, commémore les réalisations d'Elsie Reford. La croix que l'on aperçoit sur l'île a été érigée par la famille Chouinard en mémoire de deux jeunes frères, Gilles et Claude, qui s'y sont noyés lors d'une expédition de chasse aux oies en octobre 1960. Au belvédère, comme ailleurs dans les jardins, vous pouvez vous asseoir sur des bancs en bois de teck offerts par des particuliers, à la mémoire d'un être qui leur était cher.

douzaine d'employés. Ils relevaient tous d'Ernest Bufton, le maître d'hôtel qui passa plus de 50 ans au service d'Elsie Reford. Le chef jardinier d'Elsie Reford était Wyndham Coffin, qui avait au moins trois employés sous ses ordres.

Plusieurs hommes travaillaient aussi dans les exploitations agricoles. Le maître d'hôtel, le valet de pied et le personnel féminin logeaient tous à Estevan Lodge. Les guides et les garde-pêche, dont plusieurs étaient de Gaspé, vivaient pendant l'été dans une maison située à l'embouchure de la rivière Mitis.

L'étage de la résidence est aujourd'hui consacré à une exposition permanente évoquant la vie d'Elsie et Robert Reford, la figure de George Stephen, l'histoire d'Estevan Lodge et celle de la région. Dans l'ancienne chambre noire est présentée une sélection de photographies de la famille Reford. On peut aussi entrer dans la suite d'Elsie Reford, où sont exposés certains objets personnels et quelques vêtements. La visite se termine dans la partie réservée aux domestiques, où diverses expositions illustrent la vie de la région dans les années 1900.

▷ *Les lupins, contribution de Robert Wilson Reford aux jardins d'Elsie.*

▽ *Pins de montagne* (Pinus mugo).

Le jardin de la villa

Le terrain devant la maison est remarquablement sobre et dépourvu d'ornements. Contrairement à la plupart des jardins de cette taille aménagés dans les années 1920 et 1930, celui-ci n'a pas été conçu comme une suite de pièces inspirées du bâtiment. Elsie Reford a pratiquement ignoré la villa lors de la conception de ses jardins. Il n'y a pas de plates-bandes, pas de bassins où se refléterait le bâtiment, pas de planification théâtrale mettant en valeur l'entrée ou la sortie. Les plantations autour d'Estevan Lodge sont simples et sans prétention.

Le jardin de la villa tire sa forme de la grande haie de cèdres qui dessinait autrefois un espace circulaire où les voitures venaient tourner pour déposer les visiteurs à l'entrée. Une fois les cèdres enlevés, des massifs parallèles ont été créés de chaque côté de l'entrée, légèrement surélevés et plantés de pommetiers et de rosiers arbustifs. Cet espace s'est révélé idéal pour les concerts et les événements publics qu'on y organise désormais tout au long de l'été.

De chaque côté de l'escalier du portail se dressent d'imposants rosiers arbustifs, *Rosa pimpinellifolia* et *R. rugosa*. Ils fleurissent en compa-

△ *Rosiers arbustifs* (Rosa rugosa) *et penstemon* (Penstemon jamesii).

gnie des lilas, des pivoines, des hostas et des annuelles. La véranda fait le tour de la maison et conduit à la terrasse. Le paysage de la rivière Mitis était autrefois beaucoup plus visible qu'il ne l'est aujourd'hui et on pouvait embrasser d'un seul coup d'œil le pont et les fermes. Un sentier descendait la colline jusqu'à la rivière où, munie de cannes à pêche, la famille allait rejoindre le guide qui l'accompagnerait jusqu'aux fosses à saumons. Avec le temps, les épinettes ont poussé : elles masquent la rivière, mais étouffent aussi, heureusement, la rumeur des poids lourds qui filent sur la route 132.

De la terrasse, vous pouvez admirer le grand massif de lupins (*Lupinus* sp.). Ils fleurissent en juin et sont bientôt suivis par les épilobes (*Epilobium angustifolium*) et les valérianes (*Valeriana officinalis*), qui poussent naturellement dans la région.

Le jardin des pommetiers

Les pommetiers sont présents dans de nombreuses sections des jardins, mais le jardin qui porte leur nom en abrite différentes variétés. Ces arbres enchanteurs produisent un effet ornemental très recherché par les jardiniers, grâce à leur remarquable floraison au printemps et à leurs fruits éclatants à l'automne. À Grand-Métis, les pommetiers fleurissent pendant les deux premières semaines de juin, soit plusieurs semaines voire même plusieurs mois plus tard que dans le reste du continent nord-américain.

Les pommetiers à fleurs sont le résultat de plusieurs décennies de recherches et d'expériences menées par les botanistes et les hybrideurs. Parmi les cultivars qu'on trouve dans nos jardins, plusieurs sont des hybrides 'Rosybloom', développés dans les années 1920 à la Ferme expérimentale centrale d'Ottawa. Ils produisent une fleur rose tendre ou rouge écarlate pendant sept à dix jours à la fin du printemps. La forme des arbres les plus vieux résulte d'un émondage minutieux, visant à donner plusieurs faux troncs et une généreuse voûte de feuillage. Afin de préserver les variétés plus anciennes, qui voient s'approcher la fin de leur cycle de vie, nous avons entrepris d'en greffer un certain nombre – c'est là un exemple de la vigilance et du renouvellement constants qu'exige un jardin historique. Plusieurs pommetiers, le *Malus* 'Dolgo' en particulier, produisent un fruit idéal pour les gelées. Les pommettes sures que donnent la plupart des autres arbres sont immangeables, sauf pour les suisses (tamias) et les oiseaux.

L'allée des gentianes

Le jardin des pommetiers conduit à l'allée des gentianes. Ce fut l'un des projets les plus ambitieux d'Elsie Reford. Tombée sous le charme des gentianes et de leur bleu étonnant, elle créa deux plates-bandes de 45 m qui leur sont entièrement consacrées. Larges d'un mètre et demi, ces parterres incurvés sont noyés de bleu quand vient la floraison, à la fin de l'été.

Comme elle l'avait fait ailleurs, Elsie creusa pour fournir à ses plantes des conditions idéales. Le sol naturel « a été retiré sur une profondeur de deux pieds [70 cm] et les quatre premiers pouces [10 cm] ont été comblés de cailloux de plage de la taille d'un œuf ; ensuite on a mis six pouces [15 cm] de gravier granuleux, et les quatorze derniers pouces [35 cm] ont été remplis d'un mélange de deux mesures de feuilles hachées fin, d'une mesure de tourbe et d'une mesure de sable granuleux. C'est là qu'on a planté les gentianes et le tout a été recouvert de gravier fin. »

Elsie commença avec deux douzaines de plants importés d'Angle-

terre en 1935, mais ses efforts de propagation et de reproduction furent couronnés d'un tel succès qu'en 1944 elle avait déjà plus de 3000 plants. Le résultat, pour reprendre ses propres mots, fut un « miracle de beauté ». « Car voilà que s'étendent en longs drapés incurvés des dizaines et des dizaines de milliers de splendides trompettes bleues de *G. welsii* au sommet de leur floraison. Un spectacle à vous couper le souffle. » C'est peut-être pour cette raison qu'Elsie Reford allait souvent s'asseoir sur le banc qui se trouve au bout de l'allée des gentianes. Elle restait là pendant des heures à admirer ses fleurs en silence.

Les gentianes comptent parmi les plantes que nous nous employons patiemment à réintroduire. L'allée des gentianes héberge de nouveau plusieurs espèces de ces minuscules fleurs alpestres, entre autres *Gentiana sino-ornata*, *G. septemfida* var. *lagodechiana* et *G. crucciata*. Nous tentons toujours d'obtenir les variétés préférées d'Elsie Reford, notamment *G. x macaulayi* 'Wells's Variety', un hybride de *G. sino-ornata* et de *G. farreri*.

△ *De g. à dr., de haut en bas : scabieuse* (Scabiosa caucasica), *houx* (Ilex sp.), *benoîte* (Geum x borisii) *et clématite alpine* (Clematis alpina).

▽ *Gentiane à feuilles d'asclépiade* (Gentiana asclepiadea).

Le jardin des alpines

En montagne, un éboulis est une pente couverte de morceaux de roc. Dans ce milieu, de petites plantes nichent souvent entre les pierres, ou bien à la surface des rochers où passe un filet d'eau. Le jardin des alpines reproduit plusieurs des caractéristiques de cet habitat alpin. Ce jardin était modeste, mais Elsie Reford sut y mettre en valeur ses fleurs alpestres préférées. Elles les planta dans du gravier fin qui leur convenait, autour de pierres choisies avec soin. Plus d'une centaine de plantes rupestres sont ainsi présentées, dont l'androsace (*Androsace villosa*), la dryade (*Dryas octopetala*), l'œillet de montagne (*Dianthus petraeus*) et la lewisie (*Lewisia cotyledon*).

△ *Un petit insecte a élu domicile dans une des plantes de la meule.*

Un sentier serpente jusqu'à une clairière où une vieille meule attire le regard. La meule est en elle-même un jardin, un hommage à la beauté et à la simplicité. L'endroit offre un bon point de vue sur les jardins en contrebas. Elsie Reford venait souvent s'asseoir ici pour contempler son œuvre. Le calepin à la main, elle observait et élaborait des plans, décidant quelles plantes il faudrait diviser ou transplanter à la fin de l'été, quand commençait le travail de préparation du jardin pour l'hiver.

Le pré

Le chemin qui conduit à la villa est bordé, sur presque toute sa longueur, par une double colonnade d'épinettes blanches. Au nord se trouve le pré. Pendant les premières années de la vie du domaine, les prés contenaient des milliers de fleurs sauvages. Dernièrement, dans le cadre d'expériences de jardinage naturel et afin de réduire la surface de

gazon à tondre, on a laissé ce secteur pousser à l'état sauvage. On a ajouté quelques plantes de temps à autre, mais les herbacées et les fleurs sauvages s'auto-ensemencent. Le résultat est simple, mais possède un charme certain.

▷ *Boutons d'or* (Ranunculus acris).

Le jardin des primevères

La primevère est une plante qu'on associe souvent aux jardins anglais, même si elle est plutôt originaire d'Asie. Le genre *Primula* est l'un plus importants en horticulture, car il compte plus de 400 espèces. Il intéresse les collectionneurs depuis les années 1900. Elsie Reford commença à cultiver les primevères justement à l'époque où les espèces les plus intéressantes furent présentées par des « chasseurs » de plantes opérant au Tibet, en Birmanie et en Chine.

Les primevères sont, elles aussi, des plantes faites pour s'adapter au climat de Grand-Métis. Généralement originaires de régions montagneuses, elles ont besoin de l'isolation d'un couvert neigeux et ne résistent pas aux alternances de gel et de dégel qu'elles doivent souvent subir ailleurs en Amérique du Nord. Elles ne supportent pas non plus la chaleur, qui les dessèche et les tue. À Grand-Métis, ce n'est guère un problème. Vous remarquerez que les massifs de primevères ont une terre particulièrement riche. En effet, ces plantes ont besoin d'un sol organique, si bien que l'on amende régulièrement le sol de terreau de feuilles, de tourbe et de fumier de mouton.

Les primevères ont des couleurs et des périodes de floraison variées. Plus de 30 espèces et cultivars de primevères se retrouvent dans ce jardin. La plus spectaculaire est sans contredit *Primula vialii*, surnommée primevère faux aloès à cause de ses épis à pointes rouges. Cette primevère s'ouvre de bas en haut, ce qui accentue encore son allure extraterrestre.

Moins spectaculaires, les autres espèces de primevères ont chacune leur beauté particulière. Leurs noms reflètent souvent leur origine exotique, *japonica* ou *sikkimensis* par exemple. Une sélection minutieuse des espèces fait en sorte que les floraisons se succèdent sans interruption dans le jardin des primevères. Les premières à se manifester sont *Primula auricula* et *P. vulgaris* var. *sibthorpii*, suivies de *P. chionantha*, de *P. pulverulenta* et de *P. florindae*.

△ *De g. à dr. : primevère de Sikkim* (Primula sikkimensis) *et primevère de Siebold* (Primula sieboldii).

▽ *Primevère élevée des bois* (Primula elatior).

L'étang et le sous-bois

La dernière section des jardins est formée par l'étang et le sous-bois. Dessiné dans les années 1960 par Henry Teuscher, alors conservateur du Jardin botanique de Montréal, ce jardin était censé permettre d'importantes plantations de fleurs des bois. Souvent invité chez Elsie Reford, Teuscher fut l'un des premiers à reconnaître l'importance de ses jardins. Il fit beaucoup pour assurer leur survie, contribuant notamment à convaincre le gouvernement du Québec d'en faire l'acquisition.

Alimenté par le ruisseau Page, l'étang sert à l'irrigation des jardins. Il est fréquemment visité par des oiseaux chanteurs, qui se perchent sur les longues tiges de *Lysimachia punctata* avant de s'abreuver à ses eaux paisibles. À l'occasion, un héron bleu vient se poser et passe la matinée à pêcher la truite. La profondeur et la basse température des eaux rendent l'étang trop froid pour la plupart des plantes aquatiques, néanmoins plusieurs nénuphars (*Nymphaea* 'Colonel A.J. Welch', N. 'Marliacea Albida') nichent dans des massifs créés sur ses bords.

Le sous-bois héberge une collection de plus en plus importante de plantes indigènes et sylvestres. Son sentier serpente à travers la forêt et conduit les visiteurs vers le site du Festival international de jardins.

Qu'on s'y dirige directement à partir de l'entrée des jardins ou depuis l'étang, le chemin du Festival est identifié par une œuvre d'art créée exprès pour ce site par Murray Macdonald. Installée en 2000, *Nature morte de Métis* a été produite pour le Musée régional de Rimouski. L'œuvre est constituée d'une passerelle de bois surélevée, faite de mélèze, qui mène à un nichoir où des éléments acoustiques se font entendre, à une sculpture en rondins et à des chaises en fonte d'aluminium disposées sur une plate-forme de bois autour d'un arbre mature. Le tout aboutit à une tonnelle qui fait passer le visiteur de la pureté des lignes de l'art contemporain à la rusticité du monde de la nature. Les objets de la nature morte contrastent avec la vie des plantes et des arbres qui entourent l'œuvre, invitant le spectateur à contempler à la fois le réel et le créé, la nature et l'œuvre d'art, ainsi que le caractère transitoire des choses vivantes. Le tout se veut une introduction aux créations contemporaines encore en gestation.

Le Festival international de jardins

Le Festival international de jardins qui a été lancé en juin 2000 est destiné aux personnes qui s'intéressent à la création de jardins contemporains. Événement annuel unique en Amérique du nord, le Festival présente des jardins créés par des concepteurs, des architectes, des architectes paysagistes et des artistes du monde entier. Bien accueilli par le public et par la critique, il a retenu l'attention de concepteurs et de visiteurs de nombreux pays.

Le site a été aménagé pour recevoir le Festival à l'été 2000, suite à un concours d'idées remporté par l'Atelier In Situ et VLAN Paysages de Montréal. Les jardins sont construits dans des enceintes autrefois occupées par des cabanes qui ont été démolies dans les années 1970.

Chaque année, les concepteurs sont invités à soumettre leurs projets. Les meilleurs sont choisis par un jury, et les concepteurs sélectionnés peuvent peaufiner leur projet pendant l'hiver jusqu'à ce que la construction débute en mai. Le Festival est ouvert au public de la fin de juin à la fin de septembre.

◁ *De haut en bas :* Living Room *de Bernard St-Denis et Peter Fianu,* The Blue Stick Garden *de Claude Cormier et* Le jardin des appels *de Marie-Christine Landry.*

La rivière Mitis

La propriété ne se limite pas aux jardins qui occupent 20 hectares sur les 90 du site. Elle s'étend jusqu'à la rivière Mitis et au Saint-Laurent. Les visiteurs peuvent emprunter un sentier ou une piste cyclable pour s'y rendre. Un important glissement de terrain s'est produit en 1991 et le paysage a beaucoup changé avec le temps. Dans l'embouchure de la rivière, qu'occupait autrefois un port débordant d'activité, on n'aperçoit plus que des traces de l'ancien quai. De la plage, les visiteurs peuvent admirer la baie et observer les oiseaux sur l'île qui leur fait face. La baie abrite une importante vie marine et de nombreuses plantes aquatiques. Elle est aussi un important sanctuaire d'oiseaux migrateurs et d'oiseaux de mer, notamment la bernache du Canada, l'oie des neiges, le canard noir, le canard colvert, le canard pilet, la sarcelle à ailes bleues, le canard souchet et le grand héron bleu. L'île accueille des douzaines de cormorans à aigrette, de différentes espèces de goélands. La rivière Mitis n'est plus le paradis du pêcheur qu'elle était. Les barrages hydroélectriques ont altéré l'habitat originel du saumon. Aujourd'hui, les saumons qui veulent remonter la rivière sont capturés dans une cage conçue à cet effet, chargés à bord d'un camion-citerne et transportés en amont pour y être relâchés. Ils y partagent la rivière avec quelques pêcheurs qui tentent leur chance.

3

ANNEXES

Les alentours

La région de Métis, avec sa superbe nature, offre aux touristes une multitude de possibilités. Depuis plusieurs dizaines d'années, les touristes viennent en grand nombre et on est habitué à les recevoir. Auberges, gîtes du passant, hôtels et motels offrent partout dans la région des formes d'hébergement qui varient selon les goûts et les budgets. Que vous préfériez séjourner au bord de l'eau ou goûter le calme de la campagne, vous pouvez compter sur un accueil chaleureux. Les restaurants sont très nombreux, et plusieurs se sont fait une spécialité du homard, des fruits de mer et autres plats du pays.

Située au point de départ du tour de la Gaspésie, la région de Métis est traversée par la route 132 qui mène à Percé en direction nord-est et à la baie des Chaleurs en direction sud-est. Des routes secondaires permettent d'explorer la campagne, ses paysages enchanteurs et ses points de vue à couper le souffle.

Les centres urbains les plus proches sont Rimouski (32 165 habitants) et Matane (12 360 habitants). Ces deux localités historiques de la côte disposent de nombreux services, notamment d'hôpitaux et de bureaux de l'État. Elles ont toutes deux un port important : Rimouski dispose d'un service quotidien de catamaran qui la relie à Forestville sur la côte nord, tandis que des traversiers relient Matane à Baie-Comeau et à Godbout.

Les attractions ne manquent pas à Rimouski. Parmi les plus populaires, signalons le Musée de la mer, à Pointe-au-Père, où une exposition multimédia commémore le naufrage de l'*Empress of Ireland* en 1914, le plus grand désastre maritime qu'ait connu le Canada. Le Musée

régional de Rimouski est voué, pour sa part, à l'art contemporain. Rimouski et Matane ont plusieurs grands hôtels, capables de recevoir des groupes de voyageurs.

À Mont-Joli (6293 habitants), un aéroport régional offre des vols directs quotidiens à destination de Montréal et de Québec, ainsi que des liaisons vers Gaspé, Baie-Comeau et les Îles-de-la-Madeleine. C'est également de Mont-Joli que l'on peut s'envoler vers l'île d'Anticosti, paradis des pêcheurs et des chasseurs. Des services d'autocar réguliers et une liaison ferroviaire quotidienne relient la ville à Montréal et à Halifax.

Il n'y a sans doute pas de meilleurs endroits pour commencer votre visite de la région que les bureaux d'information de Tourisme Mitis, à Mont-Joli, et ceux de l'Association touristique de la Gaspésie, à Sainte-Flavie.

Pour vos achats, vous trouverez des antiquités à Sainte-Luce et des boutiques le long de la côte, à Sainte-Flavie. Mont-Joli compte notamment l'Économusée du tissage où l'on produit des tissus à la main sous vos yeux. La boutique horticole aux Jardins de Métis offre un grand choix d'ouvrages et de produits de jardinage et des souvenirs.

Perchée sur la falaise et dominant le Saint-Laurent, l'église historique de Sainte-Luce-sur-Mer accueille le visiteur à l'entrée de la région. Son intérieur néoclassique décoré de peintures du maître Antoine Plamondon est remarquable. En face des Jardins de Métis, le Centre d'interprétation du saumon d'Atlantique propose des visites guidées de la station de capture de saumons et des barrages d'Hydro-Québec sur la rivière Mitis. Au Vieux Moulin, on fabrique de l'hydromel. Le Centre Chouin'Art Le Pêcheur illustre la tradition de la pêche à Sainte-Flavie, tandis qu'au Centre d'Art Marcel Gagnon un

◁ *Vue du mont Comi.*

△ *Vue de l'église de Saint-Octave-de-Métis.*

artiste de la région accueille les visiteurs dans son atelier.

Le paysage est à lui seul une attraction. La côte invite au simple plaisir de marcher sur la plage, de ramasser des coquillages ou d'admirer le coucher du soleil. La route 132 longe des fermes laitières soigneusement entretenues, entre le fleuve et les collines de l'arrière-pays. Des élevages ovins font de la région le plus important producteur d'agneau du Québec. À la hauteur du rang 3, des points de vue spectaculaires s'offrent au voyageur, en particulier depuis la magnifique église de Saint-Octave-de-Métis. Plus au sud, la vue s'étend au-delà des collines cultivées et boisées ; on aperçoit même au loin la chaîne des Appalaches. La rivière Mitis n'est pas sans charme, surtout pour le pêcheur, qui peut taquiner le saumon dans l'une ou l'autre des fosses cachées.

À Saint-Donat, le centre de villégiature quatre-saisons du mont Comi offre le meilleur ski de l'est du Québec. Il est chaque été l'hôte d'une compétition internationale de vélo de montagne. Entre autres destinations éco-touristiques, signalons le Centre Art et Nature de Saint-Joseph-de-Lepage. Il offre un réseau de « pistes nature » et une « promenade de sculptures ».

Le patrimoine architectural de la région est unique. Les maisons sont construites dans le style canadien traditionnel avec le toit légèrement recourbé. Elles se dressent souvent tout près du chemin (pour éviter d'avoir à déblayer de longues entrées après les tempêtes de neige) et sont entourées de bâtiments de ferme. En suivant le fleuve vers l'est, les chalets et les petites cabanes de Sainte-Flavie et de la pointe Leggatt cèdent la place aux splendides maisons d'été de Métis-sur-Mer, où les estivants peuvent contempler la mer et le coucher du soleil depuis leurs vérandas. Une promenade le long du chemin Beach vous permettra d'entrevoir ces gigantesques haies de cèdres et cette architecture remarquablement bien conservée. Le phare de Métis est depuis longtemps un symbole que les résidants continuent d'entretenir à leurs frais, même s'il ne sert plus à la navigation sur le Saint-Laurent. Il est fermé au public, mais sa silhouette reste un point de repère que des milliers de visiteurs ont photographié.

La région est entourée de parcs provinciaux et de réserves naturelles: parc du Bic, parc de la Gaspésie, parc national Forillon. Le tour de la Gaspésie est sans doute l'un des plus beaux trajets de vacances au monde ; il permet de découvrir le rocher Percé, l'île Bonaventure, de pittoresques villages de pêcheurs et des rivières à saumons tout le long de la péninsule, jusque dans la baie des Chaleurs. À ne pas manquer : la collection unique de fossiles du parc du Miguasha, désigné site du patrimoine mondial par l'UNESCO, et le lieu historique national de la Restigouche, où les marines française et anglaise se sont affrontées en 1760 pour la domination du continent nord-américain.

Toutes les routes partent de Grand-Métis et y reviennent. Où que vous vous rendiez en Gaspésie, Grand-Métis sera votre point de départ. Les Jardins de Métis sont facilement accessibles, des liaisons quotidiennes par avion, par train et par autocar vous permettent de vous y rendre de partout en Amérique du Nord. Si vous préférez vous déplacer à votre rythme, vous pourrez traverser villages et paysages pittoresques sans vous éloigner du Saint-Laurent. Quel que soit votre moyen de locomotion, les jardins et la région de Métis vous offrent une multitude d'activités de loisir, de lieux à découvrir et d'expériences à vivre.

▷ *Le village de Saint-Octave-de-Métis.*

▽ *Le Saint-Laurent.*

Bibliographie

Pendant une grande partie de sa vie, Elsie Reford écrivait chaque jour sur ses jardins. Elle soumit à des journaux horticoles deux articles sur sa collection de lis, qui furent respectivement publiés en 1939 et en 1949. Un troisième article inédit, sur sa collection de gentianes, a paru récemment dans un ouvrage consacré aux écrits sur les jardins au Canada. Ces articles ne sont malheureusement pas traduits en français.

Reford, Elsie Stephen, « Lilies at Estevan Lodge, Grand-Metis, Province of Quebec, Canada », *The Royal Horticultural Society Lily Year-Book*, 8, 1939, p. 7-14.

Reford, Elsie Stephen, « A Lily Garden in the Lower St. Lawrence Valley », *The Lily Yearbook of the North American Lily Society*, 2, 1949, p. 70-75.

Reford, Elsie Stephen, « *Gentiana Macaulayi*, variety *Welsii*, at Estevan Lodge, Grand-Metis, P.Q. Canada », *Garden Voices : Two Centuries of Canadian Garden Writing*, Edwinna Von Baeyer and Pleasance Crawford (ed.), Toronto, Random House, 1995, p. 238-242.

Par ailleurs, les Jardins de Métis ont fait l'objet de plus de 100 textes, publiés dans des livres ou des magazines. Pour en savoir plus, nous vous invitons à consulter notre site Internet : www.jardinsmetis.com

Crédits photographiques

À moins d'indication contraire, les photographies de ce guide ont été réalisées par Louise Tanguay.

Les photographies historiques, à l'exception des suivantes, proviennent de la collection de la famille Reford. © Archives nationales du Canada, p. 19 (en bas) ; © Musée McCord d'histoire canadienne, Archives photographiques Notman, p. 12 (à droite), p. 13 (en haut), p. 15 (en haut), p. 21 ; © H. H. Black, p. 27 (en haut).

Illustrations

Renwick, James, *Rivière Mitis*, Québec, 1867 (© Archives nationales du Canada – C-000916), p. 14-15 ; Fonds de la famille Reford, p. 19, en haut ; © Musée McCord d'histoire canadienne, Archives photographiques Notman, p. 19, au centre.

Index

Jardins membres de l'AJQ

1 Domaine Mackenzie-King

À 200 km à l'ouest de Montréal, aux portes de Hull, le Domaine Mackenzie-King fut pendant un demi-siècle la résidence d'été du dixième premier ministre du Canada. Ce vaste domaine (230 ha) comprend de pittoresques ruines, des jardins à la française et à l'anglaise, une rocaille et divers aménagements floraux, sans oublier les trois chalets restaurés.

72, chemin Barnes / Chelsea

(819) 827-2020 ou sans frais 1 800 465-1867
www.capcan.ca
Ouvert de la mi-mai à la mi-octobre
Entrée avec tarification

2 Arboretum Morgan

Cette magnifique réserve forestière de 245 ha, créée dans les limites d'un sanctuaire d'oiseaux migrateurs à Sainte-Anne-de-Bellevue, présente l'ensemble le plus complet d'arbres indigènes du Canada (150 essences), dont l'un des plus vieux érables de l'île de Montréal. L'Arboretum est également apprécié pour sa faune variée et ses plantations expérimentales.

150, chemin des Pins / Sainte-Anne-de-Bellevue

(514) 398-7811
www.total.net/~arbo
Ouvert toute l'année
Entrée avec tarification

3 Centre de la nature

À Laval, capitale horticole du Québec, le Centre de la nature constitue un magnifique exemple de carrière réhabilitée. Ce parc urbain, qui couvre 50 ha, possède une belle collection d'arbustes ornementaux, de plantes indigènes et médicinales, d'annuelles et de vivaces.

901, avenue du Parc / Laval

(450) 662-4942
Courriel : m.latour@ville.laval.qc.ca
Ouvert toute l'année
Entrée libre

4

Jardin botanique de Montréal

En plein cœur de Montréal, le Jardin botanique couvre plus de 75 ha. Il compte dix serres d'exposition et une trentaine de jardins thématiques extérieurs. Ses collections proviennent de tous les coins du globe. Parmi ses principales attractions : la roseraie (10 000 rosiers), le jardin de Chine, le jardin japonais, l'arboretum (40 ha) et sa maison de l'arbre, ainsi que l'Insectarium. Visites guidées, expositions, ateliers horticoles, démonstrations pour tous les publics.

4101, rue Sherbrooke Est / Montréal

(514) 872-1400
www.ville.montreal.qc.ca/jardin
Ouvert toute l'année
Entrée avec tarification

5

Jardin du Gouverneur

Ce site exceptionnel, en plein cœur du quartier historique de Montréal, abrite un des rares exemples de jardin urbain du XVIIIe siècle. On y retrouve un espace potager, des arbres fruitiers, des plantes aromatiques, médicinales et d'agrément. Le Jardin du Gouverneur forme une ceinture autour du musée du Château Ramezay, une résidence datant du régime français.

Musée du Château Ramezay
280, rue Notre-Dame Est / Vieux-Montréal

(514) 861-3708
www.chateauramezay.qc.com
Ouvert toute l'année
Entrée libre au jardin

6

Jardin Daniel A. Séguin

Ouvert au public depuis cinq ans, cet ensemble de jardins à vocation didactique, rattaché à l'Institut de technologie agroalimentaire, regroupe sur 4,5 ha plusieurs sections thématiques : jardin français, jardins japonais et zen, jardin d'eau, jardin québécois d'antan. Collection de 350 variétés d'annuelles, mosaïcultures en trois dimensions et potager écologique. Visite guidée incluse dans le prix d'entrée.

3215, rue Sicotte / Saint-Hyacinthe

(450) 778-6504 poste 215 / Saison : (450) 778-0372
www.ita.qc.ca/jardindas
Ouvert de juin à septembre
Entrée avec tarification

7

À Fleur D'eau, parc floral

Sur la route des vins, situé dans un boisé, le parc floral « À Fleur D'eau » met en valeur une centaine de variétés de plantes aquatiques et de plantes des lieux humides. Dans un décor naturel, des sentiers sont aménagés et quatre lacs se rejoignent par des ruisseaux et des cascades. Dédié à la préservation du milieu aquatique, ce parc vous invite à la détente tout en découvrant l'environnement de l'eau et un sentier de 2 km en forêt.

140, route 202 / Stanbridge East

(450) 248-7008
Courriel : fleurdo@netc.net
Ouvert de juin à octobre
Entrée avec tarification

8 Parc Marie-Victorin

Serti dans la campagne des Bois-Francs et longé par la rivière Nicolet, ce parc urbain (12 ha) de création récente comprend un jardin des cascades, un jardin des oiseaux, un jardin des plantes utiles et un aménagement de milieux humides. Il a la particularité d'être entretenu de façon écologique.

385, rue Marie-Victorin / Kingsey Falls

(819) 363-2528 ou sans frais 1 888 753-7272
www.ivic.qc.ca/mv
Ouvert de la mi-juin à la mi-septembre
Entrée avec tarification

9 Domaine Joly-De Lotbinière

Reconnu comme l'un des plus beaux jardins du Québec, le Domaine Joly-De Lotbinière, immense parc-jardin romantique aménagé à partir de 1851, vous propose une rencontre avec l'histoire et la nature, une balade sous les arbres centenaires, une féerie de couleurs et de parfums dans les jardins, une marche en forêt, une aventure au fleuve... Des animations sont offertes.

Route de Pointe–Platon / Sainte-Croix

(418) 926-2462
www.domainejoly.com
Ouvert de mai à la mi-octobre
Entrée avec tarification

10 Jardin Roger-Van den Hende

Ce jardin didactique de 6 ha, rattaché à l'Université Laval, possède 2000 espèces et cultivars qui ont la particularité, unique en Amérique du Nord, d'être regroupés par familles botaniques. Il comprend un jardin d'eau, une collection de plantes herbacées et de rhododendrons, un arboretum et une roseraie. Visites commentées pour groupes seulement.

Université Laval, Pavillon de l'Envirotron
2480, boul. Hochelaga / Sainte-Foy

(418) 656-3410
www.ulaval.ca
Ouvert de la fin avril à la fin septembre
Entrée libre

11 Domaine Maizerets

Propriété du Séminaire de Québec de 1705 à 1979, ce parc urbain largement boisé couvre aujourd'hui une superficie de 27 ha et comprend, en plus du manoir (classé monument historique), un arboretum, un marécage entouré de plantes aquatiques et divers jardins. Animations artistiques et culturelles.

2000, boulevard Montmorency / Québec

(418) 691-2385 / (418) 691-7842
Ouvert toute l'année
Entrée libre

12 Parc des Champs-de-Bataille

Ce vaste parc (107 ha) occupe le site de l'affrontement, en 1759, des armées française et anglaise, l'un des événements militaires les plus marquants de l'histoire de l'Amérique. Outre ses milliers d'arbres, il compte de nombreuses mosaïques et un joli jardin floral (vivaces), le jardin Jeanne-d'Arc, qui allie les styles français et anglais. Centre d'interprétation, nombreuses animations. Dans le parc, qui jouxte la Citadelle, se trouve le Musée du Québec.

835 avenue Wilfrid-Laurier / Québec

(418) 648-4071
www.ccbn-nbc.gc.ca
Ouvert toute l'année
Entrée libre pour le parc et le jardin

13 Maison Henry-Stuart

Un charmant jardin de style « naturaliste » comprenant une roseraie entoure ce petit cottage construit en 1849. Le jardin, la maison et son intérieur, inchangé depuis les années 1920, sont classés monument historique. Expositions thématiques, concerts.

82, Grande-Allée Ouest / Québec

(418) 647-4347 ou sans frais 1-800-494-4347
www.cmsq.qc.ca
Ouvert toute l'année
Entrée avec tarification

14 Parc du Bois-de-Coulonge

Dans ce magnifique domaine de 24 ha s'élevait autrefois la résidence des lieutenants-gouverneurs. Le jardin anglais, bordé par une falaise dominant le fleuve, est composé d'un jardin d'eau, de plates-bandes, de rosiers et de vignes, sans oublier de nombreuses variétés de lilas, de rhododendrons et d'azalées. Les espaces boisés comptent une centaine d'espèces d'arbres.

1215, chemin Saint-Louis / Sillery

(418) 528-0773 ou sans frais 1 800 442-0773
Courriel : commission@capitale.gouv.qc.ca
Ouvert toute l'année
Entrée libre

15 Grands Jardins de Normandin

Tout récemment créés, ces jardins proposent sur 55 ha un panorama de l'art des jardins à travers les siècles : jardins français et anglais, jardin des herbes, potager décoratif, tapis d'Orient. On y compte pas moins de 65 000 plants de fleurs annuelles. Sentiers boisés.

1515, avenue du Rocher / Normandin

(418) 274-1993 ou sans frais 1 800 920-1993
www.cigp.com/jardin.html
Ouvert de la fin juin à la fin septembre
Entrée avec tarification

16 Seigneurie des Aulnaies

Un joli manoir de style victorien (1853) et un moulin (1842) sont les joyaux de ce domaine qui fait connaître la vie seigneuriale au siècle dernier. Jardin ornemental, jardin potager, pinède. Café-terrasse, guides en costumes d'époque.

525, rue de la Seigneurie / Saint-Roch-des-Aulnaies

(418) 354-2800
www.laseigneuriedesaulnaies.qc.ca
Ouvert de la mi-juin à la mi-octobre
Entrée avec tarification

17 Roseraie du Témiscouata

Jouxtant le Fort Ingall (1839), construit sur les rives du lac Témiscouata, cette roseraie met en valeur 1200 rosiers arbustifs, grimpants, couvre-sols et buissonnants, issus de 250 variétés et espèces botaniques pour la plupart rustiques. Jardin d'accueil, jardin classique (labyrinthe), jardin anglais, jardin didactique.

81, rue de Caldwell / Cabano

(418) 854-2375
www.roseraie.qc.ca
Ouvert de la fin juin à la fin septembre
Entrée avec tarification

18 Jardins de Métis

Ces jardins, d'une beauté exceptionnelle, se nichent au confluent de la rivière Mitis et du fleuve Saint-Laurent. Un microclimat favorise la croissance, sur plus de 17 ha, de 3000 espèces et variétés de plantes indigènes et exotiques. Un ruisseau aux abords luxuriants conduit le visiteur aux jardins des primevères et des pavots bleus, qui ont fait la notoriété des Jardins de Métis.

200, route 132 / Grand-Métis

(418) 775-2222 (informations) / (418) 775-2221 (administration)
www.jardinsmetis.com
Ouvert de juin à octobre
Entrée avec tarification